Estampes

Chinoises, Coréennes et Japonaises

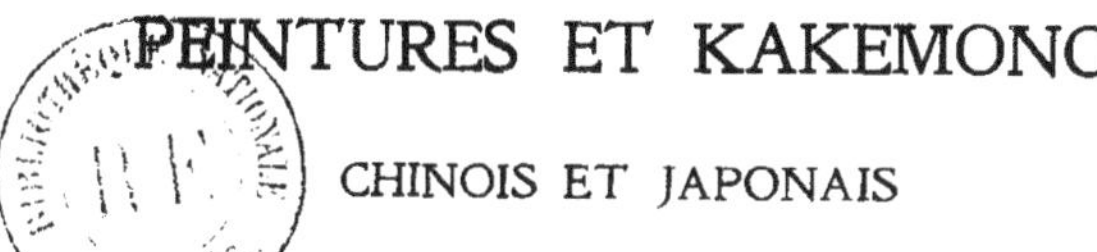

PEINTURES ET KAKEMONO

CHINOIS ET JAPONAIS

Livres Illustrés Japonais

Appartenant à divers Amateurs

DONT LA VENTE AUX ENCHÈRES PUBLIQUES AURA LIEU

HOTEL DROUOT, Salle N° 8

Les Jeudi 2, Vendredi 3 et Samedi 4 Juillet 1925,
à 2 heures.

Mᵉ LÉON FLAGEL	M. André PORTIER
COMMISSAIRE-PRISEUR	EXPERT PRÈS LE TRIBUNAL CIVIL DE LA SEINE
1, rue Laffitte	24, rue Chauchat

Chez lesquels se distribue le présent Catalogue

EXPOSITION PUBLIQUE

HOTEL DROUOT, Salle n° 8, *le Mercredi 1er Juillet 1925,*
de 2 heures à 6 heures.

Les Estampes seront visibles 1, rue Laffitte, le Lundi 29 et Mardi 30 (ce dernier jour jusqu'à Midi).

CONDITIONS DE LA VENTE

Elle sera faite au comptant.

Les adjudicataires paieront 19,50 0/0 en sus des enchères.

L'expert, dans l'intérêt de la vente, se réserve la faculté de réunir ou de diviser les lots.

L'expert assistera à l'Exposition et se tiendra à la disposition de MM. les Amateurs qui auraient un renseignement à lui demander ou des ordres d'achat à lui confier.

ORDRE DES VACATIONS

1re Vacation : Jeudi 2 Juillet 1925

N° 1 à N° 260

2e Vacation : Vendredi 3 Juillet 1925

N° 261 à N° 528

3e Vacation : Samedi 4 Juillet 1925

N° 529 à N° 660

92.136 — Imprimerie Lahure, 9, rue de Fleurus, à Paris. — 1925.

ESTAMPES DE LA CHINE

1. — Lithographie encadrée sous verre. Kouan In debout, la tête auréolée.

Époque **Ming**.

2. Estampe rehaussée en couleurs, au pinceau, encadrée : Le lâcher de cigogne.

XVIIe siècle.

(Voir la reproduction, Pl. II.)

3. — Kakemonoye. Rossignol sur un prunier en fleurs.

XVIIe siècle.

4. — Estampe carrée, en noir, rehaussée de couleurs au pinceau. Scène théâtrale à trois personnages.

XVIIe siècle.

5. — Estampe carrée, en noir, rehaussée de couleurs, au pinceau. Autre pièce de la même scène.

XVIIe siècle.

(Voir la reproduction, Pl. IV.)

6. — Estampe carrée, en noir, rehaussée de couleurs, au pinceau. Autre pièce de la même série.

XVIIe siècle.

7. — Estampe carrée, en noir, rehaussée de couleurs, au pinceau. Autre pièce de la même série.

XVIIe siècle.

8. — Estampe carrée, en noir, rehaussée de couleurs, au pinceau. Autre pièce de la même série.

XVIIe siècle

9. — Estampe carrée, en noir, rehaussée de couleurs, au pinceau. Autre pièce de la même série.

XVIIe siècle.

10-41. — Trente et une estampes carrées, en couleurs. Elles sont tirées de l'ouvrage « *Le Jardin dans un grain de ble* ».

42. — Kakemonoye. Deux Sennin dans la campagne.

XVIIIe siècle.

ESTAMPES DE LA CORÉE

43. — Kakemonoye. Prunier en fleurs.

Signée : **Chosen Zenshu Chozan** : Chozan habitant à Zenshu en Corée.
Cachet : **Chosan Riheisei.**

44. — Kakemonoye. Oiseaux au milieu de tiges de bambou.

Signée : **Kankoku Zenshu Chozan** : Chozan habitant à Zenshu en Corée.
Cachet : **Chosan Riheisei.**

(*Voir la reproduction, Pl. I.*)

45. — Kakemonoye. Oiseaux sur un sapin.

Signée : **Kankoku Zenshu Chozan** : Chozan habitant à Zenshu en Corée.
Cachet : **Chozan Riheisei.**

46. — Kakemonoye. Tortues et cigognes.

Signée : **Kangoku Zenshu Chozan** : Chozan à Zenshu en Corée.
Cachet : **Chozan Riheisei.**

(*Voir la reproduction, Pl. I.*)

47. — Kakemonoye. Dragon dans les nuages.
Signée : **Hakuga.**

ESTAMPES DU JAPON

Kiyonobu.

48. — Double hosoye. Combat d'un guerrier et d'un démon. Traces de laque.

Signée : **Torii Kiyonobu.**
Éditeur : **Marumura.**

49. — Hosoye rehaussé de laque noir. Les acteurs Ichikawa Danjuro et Otani Hiroji. Œuvre d'un Torii.

Masanobu.

50. — Oban yokoye en noir. Le bonze *Sakata Kimpei* couché ivre près d'une coupe à sake.

Signée : **Tobu Yamato Guako Okumura Masanobu Zu.**

Cachet : **Masanobu.**

51. — Chuban rehaussé de laque noir. Cavalier armé de l'arc.

Attribué à **Okumura Masanabu.**

52. — Double oban tateye encadré sous verre. Intérieur de maison verte.

Kiyomitsu.

53. — Hosoye. L'acteur Ichikawa Danjuro dans le rôle de Ono-no-Tofu.

Signée : **Torii Kiyomitsu fude.**

Éditeur : **Yamashiro.**

54. — Triptyque oban tateye. Jeune femme sous un pin, au bord d'un lac, s'amusant avec des cigognes.

Signée : **Kiyomitsu egaku.**

Éditeur : **Eijudo.**

Shigenaga.

55. — Kakemonoye, rehaussé au laque noir. Shoki menaçant.

Signée : **Senkwado Nishimura Shigenaga fude.**

Cachet : **Shige.**

Éditeur : **Murokogataya.**

56, 57. — Hosoye. Deux planches sur huit de la série *Omi Hakke* : vues d'Omi.

Planches : *Hira-no-Bosetsu* : Neige au crépuscule à Hira et *Katada-no-Rakugan* : Vol d'oies s'abattant à Katada.

Signées : **Gwako Nishimura Shigenaga fude**

Éditeur : **Masuya.**

58/61. — Hosoye. Quatre planches de la série : *Kanazawa Hakkei.* Huit vues de Kanazawa.

62. — Hosoye en blanc sur noir. Guerrier, la lance à la main, assis à une table chargée d'un livre ouvert.

Signée : **Nishimura Shigenaga.**

Éditeur : **Surugaya.**

63. — Hosoye. *Nanakomachi* : La poétesse Komachi.

Planche : *Soshiarai* : Nettoyage des manuscrits.

Signée : **Nishimura Shigenaga fude.**

Cachet : **Shigenaga.**

Hanabusa Icho.

64. — Oban yokoye. Paysan lourdement chargé, cheminant dans la campagne, tandis que chante le premier coucou de l'année.

Signée : **Hanabusa Icho.**

Cachet : **Sanunsen.**

65-71. — Oban yokoye. Série de sept planches sur les fêtes de l'année.

4. Cheval à la laisse.

   Signée : **Hanabusa Icho.**

5. Cortège de geisha.
6. Fête du 8 avril.
7. Fête du 5 mai.
8. Fête des cerisiers en fleurs.
9. Pugilat sur un bateau.
10. Le jour de l'an.

Harunobu.

72. — Nagaye. Jeune samurai, à la pêche.

Signée : **Suzuki Harunobu egaku.**

73. — Chuban. Fugenbosatsu, interprétée par une courtisane.

Signée : **Suzuki Harunobu egaku.**

74. — Chuban. Guerrier descendu de cheval, se dissimulant derrière un rocher.

Signée : **Harunobu egaku.**

75. — Nagaye. Joueuse de flûte (komuzo).

Signée : **Suzuki Harunobu egaku.**

76. — Chuban. Jeune femme à cheval, en vue du Fujiyama.

Signée : **Suzuki Harunobu egaku.**

77. — Chuban. Jeune femme couchée sous un moustiquaire.

Signée : **Harunobu egaku.**

78. — Chuban. Courtisane appelant sa kamuro endormie.

Signée : **Harunobu egaku.**

Koriusai.

79. — Nagaye. Servante de maison de thé.

Signée : **Buko Yagenbori Iinshi Koriusai Zu.**

80. — Nagaye. Femme sortant du bain, son enfant dans les bras.

Signée : **Koriusai egaku.**
Éditeur : **Matsu.**

81. — Nagaye. Daikoku, debout sur des balles de riz.

Signée : **Koriu egaku.**

82. — Nagaye. Ebisu versant de l'eau dans un baquet.

Éditeur : **Eijudo.**

83. — Nagaye. Jeune homme soutenant une jeune fille qui descend d'une échelle.

Signée : **Koriusai Zu.**

84. — Nagaye. Allégorie faisant allusion à une scène d'espionnage dans le roman *Tsushingura.*

Signée : **Koriu egaku.**

85. — Surimono. Enfants roulant une boule de neige.

Signée : **Koriusai egaku.**

86. — Oban tateye. La courtisane Tagasode de la maison Daimonji, suivie de deux amies et de deux kamuro.

Signée : **Koriusai Zu.**
Éditeur : **Eijudo.**

87. — Chuban.

De la série : *Furiu Ksabana Hakke.* Huit planches sur la visite aux plantes fleuries.
Planche : *Tsuriganegusa-no-Bansho* : Campanules rappelant les cloches au crépuscule.

Signée : **Koriu egaku.**

88. — Chuban.

De la série : *Furiu Gojo Kodomoasobi.* Jeux vertueux des enfants.
Planche : *Re* (Politesse).

Signée : **Koriusai egaku.**

89. — Deux chuban. Jeunes femmes et enfants.

Signées : **Koriu egaku.**

90. — Deux chuban. Jeunes femmes et serviteurs.

Éditeur : **Urokogataya.**

91/94. — Huit koban. Scènes à personnages.

Signées ou œuvres de **Koriusai.**

Shunsho.

95. — Hosoye. Portrait d'acteur en costume de samurai.

Signée : **Shunsho egaku.**

96. — Hosoye. Portrait d'acteur.

Signée : **Shunsho egaku.**

97. — Hosoye. L'acteur Ichikawa dans un rôle de samurai.

Signée : **Shunsho egaku.**

98. — Hosoye. Acteur dans le rôle de Asashina.

Signée : **Shunsho Zu.**

99. — Hosoye. Fudo au milieu de rochers.

Signée : **Shunsho egaku.**

100. — Hosoye. Acteur dans un rôle de daimyo.

Cachet : **Shunsho.**

101. — Neuf koban. Ils forment une série : illustration à personnages, interprétant des poésies.

Signées : **Shunsho egaku.**

102. — Chuban. Geisha, assise, sa pipette à la main.

Signée : **Shunsho Zu.**

Shunyei.

103. — Hosoye. Portrait d'acteur.

Signée : **Shunyei egaku.**
Éditeur : **Yamaguchi.**

104. — Oban tateye. Groupe de quatre acteurs assis autour d une table qui supporte un arbre nain.

Signée : **Shunyei egaku.**

105. — Oban tateye. Kintoki jouant avec un chien

Signée : **Shunyei egaku.**
Éditeur : **Marujin.**

106. — Oban tateye. Deux acteurs dans une scène guerrière.

Signée : **Shunyei egaku.**
Éditeur : **Iseji.**

107. — Oban tateye. Scène de théâtre.

Signée : **Shunyei egaku.**

Shunko.

108. — Hosoye. Acteur dans un rôle de femme.

Signée : **Katsukawa Shunko egaku.**

109. — Hosoye. Scène de théâtre.

Signée : **Shunko egaku.**

Shuncho.

110. — Nagaye. Servante de maison de thé portant une boite à service.

Signée : **Suncho egaku.**

111. — Jeune femme, une coupe à la main, attendant qu'un poissonnier lui coupe une tranche de bonite.

Signée : **Shuncho egaku.**
Éditeur : **Iwatoya.**

112. — Nagaye. Deux geisha sous les cerisiers en fleurs.

Signée : **Shuncho egaku.**

Kiyonaga.

113. — Nagaye. Ohan et Choemon : il porte son amie sur ses épaules, pour passer un gué.

Signée : **Kiyonaga egaku.**
Éditeur : **Eijudo.**

114. — Nagaye. Joueur de flûte sortant d'une maison verte : une servante l'éclaire.

Signée : **Kiyonaga egaku.**
Éditeur : **Eijudo.**

115. — Nagaye. *Takarabune* : Bateau des Dieux du Bonheur.

Signée : **Kiyonaga egaku.**

116. — Nagaye. Le bonze-poète Saigyo contemplant le Fujiyama.

117. — Nagaye. Jeune femme courant dans le vent.

Signée : **Kiyonaga egaku.**

118. — Nagaye. Jeune fille montée sur le dos d'un serviteur pour cueillir des fleurs de cerisier.

Signée **Kyonoga egaku.**

119. — Nagaye. Courtisane et sa kamuro.

Signée : **Kiyonaga egaku.**

120. — Dyptique oban tateye, encadré sous verre. Cortège de geisha.

Signée : **Kiyonaga egaku.**

Éditeur : **Takatsu.**

121. — Oban tateye. Kintoki jouant du tambour.

Signée : **Kiyonaga egaku.**

Éditeur : **Eijudo.**

122. — Oban yokoye. Jeunes femmes occupées à peindre et écrire. Style de Kiyonaga.

123. — Deux demi-nagaye. Sujets légers.

Utamaro.

124. — Nagaye à fond micacé. Yamauba et Kintoki.

Signée : **Utamaro fude.**

Éditeur : Tomoe

125. — Oban tateye. Les amants Owume et Kumenosuke.

Signée : **Utamaro fude.**

126. — Oban tateye. La courtisane Hitomoto de la maison Daimonji.

Signée : **Utamaro fude.**

Éditeur : **Yama Mori.**

127. — Oban tateye. Jeune femme en buste.

Signée : **Utamaro fude.**

128. — Oban tateye. La courtisane Utagawa de la maison Matsuba.

Signée : **Utamaro fude.**

Éditeur : **Marubun.**

129. — Oban tateye. Les amoureux *Ohan et Choemon.*

Signée : **Utamaro fude.**

Éditeur : **Matsuyasu.**

130. — Dyptique oban tateye. Femmes et enfant au bord de l'eau.

Signée : **Utamaro fude.**

131. — Oban tateye. Porteuses d'eau.

132. — Tryptique oban tateye. Jeunes femmes et enfant, peignant, écrivant et jouant.

Signée : **Utamaro fude.**

Éditeur : **Senichi.**

133. — Nagaye. Jeune fille achetant un grillon.

Signée : **Utamaro fude.**

Éditeur : **Yamahan.**

134. — Suite de huit koban. Les amusements des Dieux du Bonheur avec des jeunes femmes.

Signées : **Utamaro fude.**

135. — Dyptique oban tateye. Daimyo et jeunes femmes.

Signée : **Utamaro fude.**

136. — Oban tateye. Planche d'un triptyque : *Zuburoku-no-Shitikendjin*. Les sept originaux en ivresse.

Signée : **Utamaro fude.**

Éditeur : **Yamafuji.**

137. — Oban tateye. Deux femmes et un jeune enfant.

Signée : **Utamaro fude.**

Éditeur : **Yamada.**

138. — Triptyque oban tateye. Cortège de princesse.

Signée : **Utamaro fude.**

Éditeur : **Wakasaya.**

139. — Oban tateye. Faucon perché sur une branche de pin.

Signée : **Utamaro fude.**

140. — Oban tateye. Les amants à la fenêtre.

141. — Oban yokoye. *Ukie Ueno Toeizan* : Vue du temple de Toeizan sur la colline de Ueno.

Signée : **Kitagawa Utamaro egaku.**

Éditeur : **Yamaguchiya Tobei.**

142. — Oban tateye. *Seiro Niwaka* : Danse aux maisons vertes.
Planche : *Yamato Meibutsu.*

Signée : **Utamaro fude.**

Éditeur : **Yamaguchi.**

143. — Oban tateye. *Seiro Niwaka.*

Signée : **Utamaro fude.**

144. — Deux oban tateye. Scènes comiques et danses.

Signées : **Utamaro fude.**

145. — Oban tateye. *Mutsu-no-Tamagawa* : Les six rivières Tama (symbolisées par de jolies femmes.
Planche : Tsukimayuzumi. (Les sources noires.)

Signée : **Utamaro fude.**
Éditeur : **Senichi.**

146. — Oban tateye. *Furiu Aikyo Kurabe* : Concours de galantes beautés.
Planche : *Okiku et Kosuke.*

Signée : **Utamaro fude.**
Éditeur : **Yamaki.**

147. — Oban tateye. *Furiu Gosetsu Asobi* : Divertissement aux cinq fêtes.
Planche : *Gogatsu* : 5e mois.

Signée : **Utamaro fude.**
Éditeur : **Tomoecho.**

148. — Oban tateye. *Miyabi Gusa Gosetsu no Teasobi* : Les jeux élégants des cinq fêtes.
Planche : *Shichigatsu* : 7e mois.

Signée : **Utamaro fude.**

149. — Oban tateye. *Gosetsu Hanaawase* : Les cinq fleurs des cinq fêtes.
Planche : la courtisane *Tsukioka* de la maison *Hyoga.*

Signée : **Utamaro fude.**
Éditeur : **Esakya.**

150. — Oban tateye. *Furiu Goaikyo* : Cinq gentillesses élégantes.
Planche : *Geisha no Aikyo* : amabilité de geisha.

Signée : **Utamaro fude.**

151. — Oban tateye. *Jitsukurabe Iro-no-Minakami* : Modèles de fidélité amoureuse.
Planche : Kajiwaragenta et la courtisane Umegae.

Signée : **Utamaro fude.**
Éditeur : **Tomoe.**

152. — Oban tateye. *Shunkyo Mitate Kitsuneken* : La mimique du jeu du renard.
Planche : *Karindo* : chasseur.

Signée : **Utamaro fude.**
Éditeur : **Marumura**

153. — Oban tateye. *Chushingura* : la grange des vassaux fidèles (47 Ronin).
Planche : *Sandanme.* 3e acte.

Signée : **Utamaro fude.**
Éditeur : **Eijudo.**

PLANCHE I

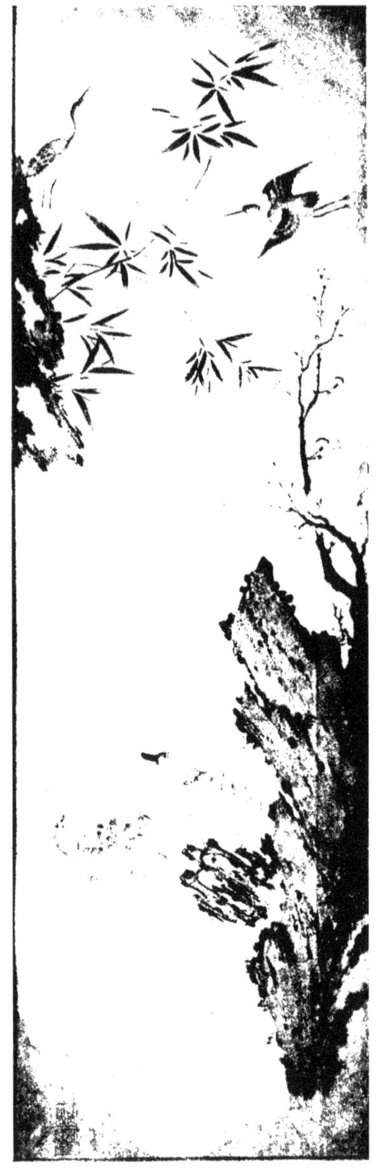

46

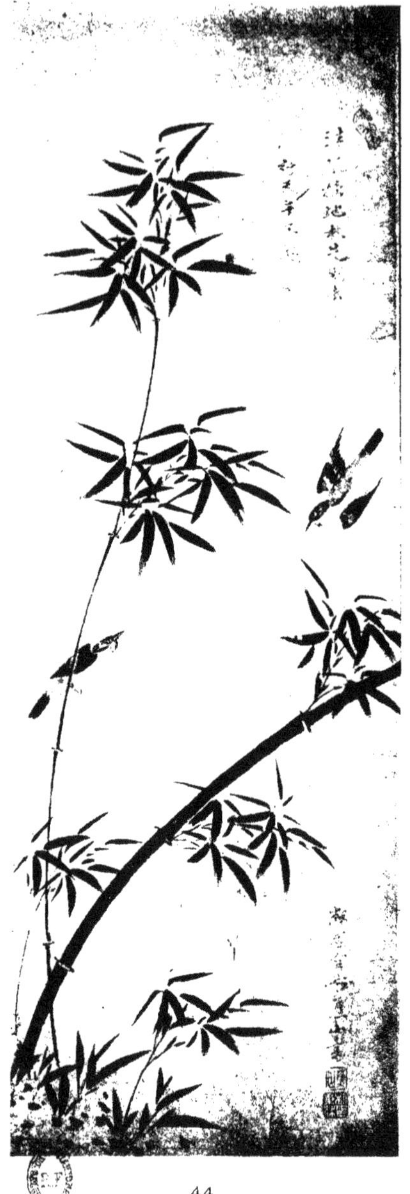

44

154. — Oban tateye.
De la même série. Planche : Yodanme, 4e acte.

Signée : **Utamaro fude.**
Éditeur : **Eijudo.**

155. — Oban tateye.
De la même série. Planche : Shodan, 1e acte.

Signée : **Utamaro fude.**
Éditeur : **Eijudo.**

156. — Oban tateye. *Kyokun Oya-no-Megane* : Jugement des parents sur les enfants. Planche : Nikuburi : Bouderie.

Signée : **Utamaro fude.**
Éditeur : **Tsuruya.**

157. — Oban tateye.
De la même série. Planche : Rikomono (la jeune fille intelligente).

Signée : **Utamaro fude.**
Éditeur : **Tsuruya.**

158. — Oban tateye.
De la même série. Planche : *Honchomono* : Gravité.

Signée : **Utamaro fude.**
Éditeur : **Tsuruya.**

159. — Triptyque oban tateye. Au jour de l'an, jeunes femmes admirant la danse de deux manzai.

Éditeur : **Iwatoya.**

Eishi.

160. — Pentaptyque oban tateye, encadré. Concert de geisha.

Signée : **Eishi Zu.**
Éditeur : **Eijudo.**

161. — Chuban. *Seiro Banzai Niwaka* : Danses au Yoshiwara.

Signée : **Eishi egaku.**
Éditeur : **Eijudo.**

162. — Chuban.
De la même série.

Signée : **Eishi egaku.**

**

163. — Oban yokoke. Courtisanes admirant un singe savant.

Signée : **Chobunsai Zu.**

Eisho.

164. — Chuban. Niwaka : Danse comique (au Yoshiwara).

Signée : **Eisho egaku.**

Éditeur : **Yamaguchi.**

165. — Oban tateye, encadré sous verre. *Kakuchu Bijin Kurabe* : Concours des beautés au quartier galant.
Planche : la courtisane *Midorigi* de la maison *Wakamatsu.*

Signée : **Eisho Zu.**

Éditeur : **Yamaguchi.**

Eizan.

166. — Triptyque oban tateye. *Ueno Taishi-Mode* : Pèlerinage au temple de Taishi à Ueno.

Signée : **Kikukawa Eizan fude.**

Éditeur : **Eijudo.**

167. — Triptyque oban tateye. Foule nombreuse à l'entrée du marchand d'étoffes. Iwaki Masu.

Signée : **Kikukawa Eizan fude.**

Éditeur : **Mikawaya.**

168. — Kakemonoye. Aigle perché sur le tronc d'un pin.

Signée : **Kikukawa Eizan fude.**

169. — Autre tirage de la même planche.

170. — Oban tateye. *Furiu Bijin Kodakara Awase* : Suite de belles femmes et d'enfants. Planche : *Fuyu* : Hiver.

Signée : **Eizan fude.**

Éditeur : **Yamamatsu.**

171. — Kakemonoye. Faucon perché sur une branche de prunier en fleurs.

Signée : **Kikukawa Eizan fude.**

Cachet : **Kiku.**

Tsukimaro.

172. — Oban tateye. *Zense Rokkasen* : Les heureuses courtisanes comparées aux six poètes. Planche : *Bunya no Yasuhide et Aimi, de la maison Maruebi.*

Signée : Tsukimaro fude.

Éditeur : Yamaguchi.

173. — Triptyque oban tateye. *Soshiu Enoshima Iwaya-no-Zu*. Image des grottes à Enoshima en Sagami.

Signée : **Tsukimaro fude.**

Éditeur : **Yamaguchi**

174. — Oban tateye. Trois planches : Musiciens enfants.

Toyokuni.

175. — Oban tateye. Acteur dans le rôle de Nikidanjo. Grande figure sur fond gris.

Signée : **Toyokuni egaku.**

Éditeur : **Yamaka.**

176. — Oban tateye. Portrait d'acteur (Grande figure sur fond noir).

Signée : **Toyokuni egaku.**

Éditeur : **Marumura.**

177. — Oban tateye. L'acteur Seki Sandjuro dans le rôle de Kyo no Ejiro.

Signée : **Toyokuni egaku.**

Éditeur : **Yamayo.**

178. — Oban tateye, sous verre. Trois geisha.

Signée : **Toyokuni egaku.**

179. — Hosoye. L'acteur Banto Mitsugoro dans le rôle de Soga Goro Tokimune.

Signée : **Toyokuni egaku.**

Éditeur : **Tsuruya.**

180. — Pentaptyque oban tateye, encadré. Feu d'artifice au pont de Ryogoku.

Signée : **Toyokuni egaku.**

Éditeur : **Yamane.**

181. — Pentaptyque oban tateye, encadré. *Shinyoshiwara Sakura-no-Keishiki* : Les cerisiers au Yoshiwara.

Signée : **Toyokuni egaku.**

Éditeur : **Yamakyu**

182. — Oban tateye encadré. *Sanbijin* : Trois beautés. Planche : *Yuki* : la neige.

Signée : **Toyokuni egaku.**

Éditeur : **Yamakin.**

183-184. — Quatre oban tateye. Les acteurs Banto, Arashi, Otani et Matsumoto.

Signées : **Toyokuni egaku.**

Éditeur : **Tsutaya.**

185. — Diptyque oban tateye. Les acteurs Banto et Nakamura.

Signée : **Toyokuni egaku.**

186. — Diptyque oban tateye. Les acteurs Sawamura et Ichikawa.

Signée : **Toyokuni egaku.**

187. — Triptyque oban tateye. *Kwanjin Osumo no Zu* : Scène de lutteurs (avec le nom de toutes les célébrités).

Signée : **Ichyosai Toyokuni egaku.**

Éditeur : **Oshira.**

188. — Triptyque oban tateye. Maison de thé, peuplée de geisha, au bord de l'eau.

Signée : **Toyokuni egaku.**

189. — Triptyque oban tateye. *Oshibai Hane-no-Zu* : Image de la prospérité du Grand Théâtre.

Signée : **Ichiyosai Toyokuni egaku.**

Éditeur : **Noshuya Yasube.**

190. — Pentaptyque oban tateye. Cortège de mariée.

Signée : **Toyokuni egaku.**

Éditeur : **Senichi.**

191. — Pentaptyque oban tateye. *Edo Ryogoku Suzumi no Zu* : Promeneurs au pont de Ryogoku à Yedo.

Signée : **Toyokuni egaku.**

Cachet : **Toshimaru.**

Éditeur : **Yamamoto Kyube.**

192. — Oban tateye. Les acteurs Ichikawa dans le rôle de Kagekiyo et Omezo dans le rôle de Shigetada.

Signée : **Toyokuni egaku.**

Éditeur : **Tsuruya.**

193. — Oban tateye. Trois jeunes femmes à la promenade

Signée : **Toyokuni egaku.**

Éditeur : **Senichi.**

194. — Oban tateye. La promenade des courtisanes.

Signée : **Toyokuni egaku.**

195. — Deux oban tateye.

Signées : **Toyokuni egaku.**

Kunisada.

196. — Oban tateye. Acteur dans le rôle de la courtisane Akoya (Grande figure sur fond micacé).

Signée : **Godotei Kunisada egaku.**
Éditeur : **Kawaguchi.**

197. — Oban tateye. Acteur dans le rôle de Daiku Rokusaburo (Grande figure sur fond micacé).

Signée : **Godotei Kunisada egaku.**
Éditeur : **Kawaguchi.**

198. — Oban tateye. Acteur dans le rôle de Kajiwara Genta. (Grande figure à fond micacé.)

Signée : **Godotei Kunisada egaku.**
Éditeur : **Kawaguchi.**

199. — Oban tateye. Acteur dans le rôle de *Kajiwara Genta*. (Grande figure à fond micacé.)

Signée : **Godotei Kunisada egaku.**
Éditeur : **Kawaguchi.**

200. — Oban tateye. *Bijin Awase* : Concours de beautés.
Planche : *Sho* : Chaleur d'été.

Signée : **Godotei Kunisada egaku.**

201. — Deux oban tateye. *Edo Jiman* : L'orgueil de Yedo.
Signée : **Godotei Kunisada egaku.**

202-205. — Chuban. *Tokaido Gojusantsugi* : Cinquante-trois stations du Tokaido.
Vingt-huit planches.
Signées : **Kochoro Kunisada egaku.**
Éditeur : **Sanoki.**

Hokusai.

206. — Oban yokoye. *Imadogawa* (Quartier de Yedo). Potiers au travail.
Signée : **Zen Hokusai egaku.**

207. — Oban tateye. La courtisane Shiratama.
Signée : **Katsushika Taito.**
Éditeur : **Echicho.**

208. — Hosoye. Deux cigognes dans les pins.
Signée : **Taito.**
Cachet : **Koryo.**

209. — Oban tateye. Faucon perché sur une branche de pin.

Signée : **Zen Hokusai Iitsu fude.**

Éditeur : **Eijudo.**

210. — Pentaptyque oban tateye. Intérieur d'une maison verte.

Signée : **Katsushika Hokusai egaku.**

Éditeur : **Iseya.**

211. — Diptyque oban tateye. *Sangoku Yokoden* : Légende de la transformation du renard dans trois pays.

Signée : **Hokusai egaku.**

Éditeur : **Tsuruya.**

212. — Oban yokoye. *Shokoku Meikyo Kiran* : Vues des ponts célèbres de toutes les provinces.
Planche : Tokaido Okazaki Yahagi-no-Hashi : Pont de Yahagi à Okazaki sur la route du Tokaido.

Signée : **Zen Hokusai Iitsu fude.**

Éditeur : **Eijudo.**

213. — Oban yokoye.
De la même série. Planche : *Kameidotendjin Taikobashi* : Pont de Taiko au temple de Kameido.

Signée : **Zen Hokusai Iitsu fude.**

Éditeur : **Eijudo.**

214. — Oban yokoye.
De la même série. Planche : *Yamashiro Arashiyama Togetsukyo* : Pont de Togetsu à Arashiyama en Yamashiro.

Signée : **Zen Hokusai Iitsu fude.**

215. — Oban yokoye. Autre tirage de la même planche.

Signée : **Zen Hokusai....**

Éditeur : **Eijudo.**

216. — Oban yokoye. Autre tirage de la même planche.

Signée : **Zen Hokusai Iitsu fude.**

217. — Oban yokoye.
De la même série. Planche : *Echizen Fukui-no-Hashi* : Pont de Fukui en Echizen.

Signée : **Zen Hokusai Iitsu fude.**

Éditeur : **Eijudo.**

218. — Oban tateye. *Shokoku Takimeguri* : Visite aux cascades de toutes les provinces. Planche : *Roben no Taki* : cascade de Roben en Sagami.

Signée : **Zen Hokusai Iitsu fude.**

Éditeur : **Eijudo.**

219. — Oban tateye.
De la même série. Planche : *Kirifuri-no-Taki* : cascade de Kirifuri en Shimozuke.

Signée : **Zen Hokusai Iitsu fude.**

Éditeur : **Eijudo.**

220. — Oban tateye.
De la même série. Planche : *Yoro-no-Taki* : cascade de Yoro en Mino.

Signée : **Zen Hokusai Iitsu fude.**

Éditeur : **Eijudo.**

221. — Oban tateye.
De la même série. Planche : *Kisokaido Ono-no-Bakofu* : cascade d'Ono sur la route du Kisokaido.

Signée : **Zen Hokusai Iitsu fude.**

Éditeur : **Eijudo.**

222. — Oban yokoye, encadré sous verre : Hakunin Isshu Uwa-ga-Etoki : Interprétation par une nourrice des cent poésies.
Planche de *Sarumaru Dayu.*

Signée : **Zen Hokusai.**

Éditeur : **Eijudo.**

223. — Oban yokoye. *Fugaku Sanju Rokkei* : Les 36 vues du Fujiyama.
Planche : *Fujimihara en Owari.*

Signée : **Hokusai Aratame Iitsu fude.**

224. — Oban yokoye.
De la même série. Planche : *Sunshu Ejiri* : Ejiri en Suruga.

Signée : **Zen Hokusai Iitsu fude.**

225. — Autre tirage de la même planche.

226. — Oban yokoye.
De la même série. Planche : *Gohyaku Rakanji* : Temple des cinq cents Rakan.

Signée : **Zen Hokusai Iitsu fude.**

227. — Oban yokoye.
De la même série. Planche : *Bushu Sendju* : Sendju en Musashi.

Signée : **Zen Hokusai Iitsu fude.**

228. — Oban yokoye.
De la même série. Planche : Minobugawa Urafuji : La rivière de Minobu derrière le mont Fuji.

Signée : **Zen Hokusai Iitsu fude.**

229. — Oban yokoye.
De la même série. Planche : *Onden-no-Mizuguruma* : moulin à eau à Onden.

Signée : **Zen Hokusaï Iitsu fude.**

230. — Oban yokoye. Autre tirage de la même planche.

Signée : **Zen Hokusai Iitsu fude.**
Éditeur : **Eijudo.**

231. — Oban yokoye.
De la même série. Planche : *Nakahara.*

Signée : **Zen Hokusai Iitsu fude.**

232. — Oban yokoye.
De la même série. Planche : *Kanaya-no-Fuji* : Le Fujiyama vu de Kanaya.

Signée : **Zen Hokusai Iitsu fude.**
Éditeur : **Eijudo.**

233. — Autre tirage de la même planche.

234. — Oban yokoye.
De la même série. Planche : *Bushu Sendju* : Sendju en Musashi.

Signée : **Hokusai Aratame Iitsu fude.**

235. — Oban yokoye.
Autre tirage de la même planche.

236. — Oban yokoye.
De la même série. Planche : *Fukagawa Manenbashi Shita* : Sous le pont de Manen à Fukagawa.

Signée : **Hokusai Aratame Iitsu fude.**

237. — Autre tirage de la même planche.

238. — Oban yokoye.
De la même série. Planche : *Joshu Ushibori* : Ushibori en Hitachi.

Signée : **Zen Hokusai Iitsu fude.**

239. — Oban yokoye.
De la même série. Planche : *Aoyama Enzamatsu* : La montagne des sapins à Aoyama.

Signée : **Hokusai Aratame Iitsu fude.**

240. — Oban yokoye.
Autre tirage de la même planche.

PLANCHE II

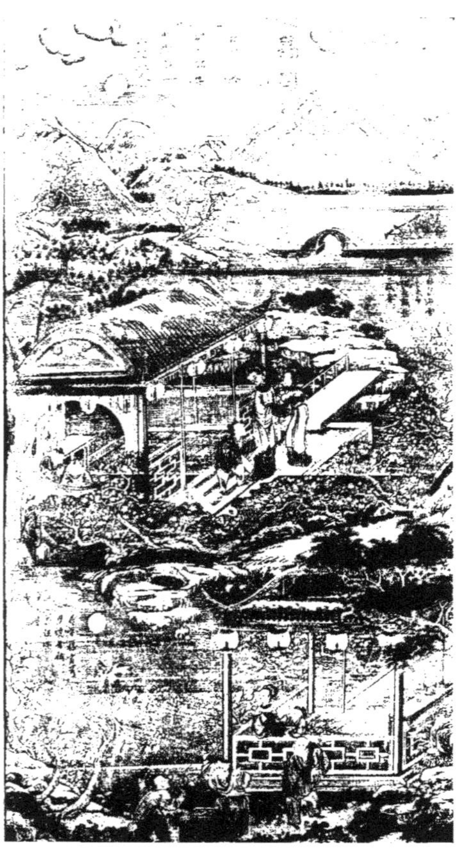

2

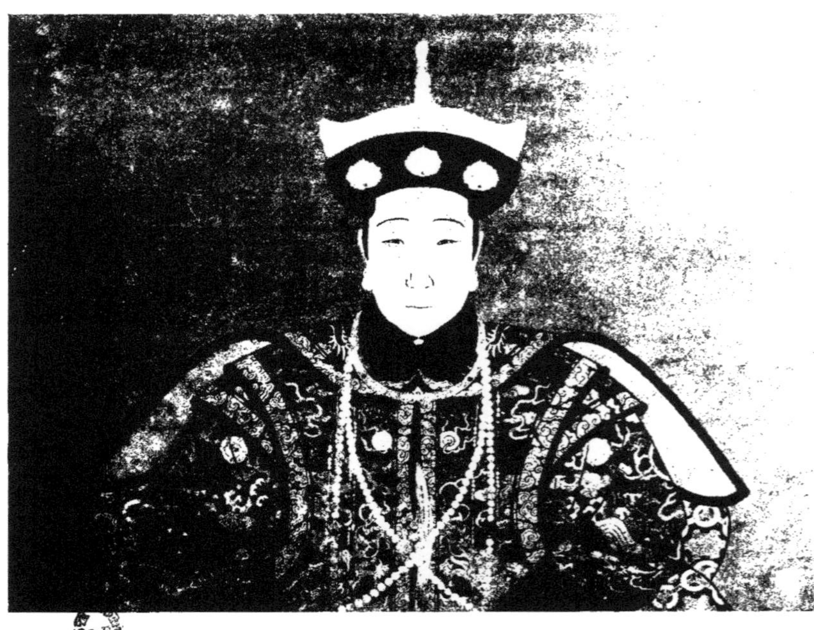

486

241. — Oban yokoye.
De la même série. Planche : *Soshu Shichiriga Hama* : La plage de Shichiri en Sagami.

Signée : **Zen Hokusai Iitsu fude.**

242. — Oban yokoye.
De la même série. Planche : *Buyo Tsukudajima* : L'île de Tsukuda en Musashi.

Signée : **Zen Hokusai Iitsu fude.**

243. — Oban yokoye.
De la même série. Planche : *Soshu Enoshima* : Enoshima en Sagami.

Signée : **Zen Hokusai Iitsu fude.**

244. — Oban yokoye.
De la même série. Planche : *Bushu Tamagawa* : La rivière Tama en Musashi.

Signée : **Hokusai Iitsu fude.**

245. — Oban yokoye.
De la même série. Planche : *Mitsui Mise* : Boutique à Mitsui.

Signée . **Zen Hokusai Iitsu fude.**
Éditeur : **Eijudo.**

246. — Oban yokoye.
De la même série. Planche : *Edo Nihonbashi* : Pont de Nihonbashi à Yedo.

Signée : **Zen Hokusai Iitsu fude.**

247. — Autre tirage de la même planche.

248. — Oban yokoye.
De la même série. Planche : *Koshu Mishimagoe* : le col de Mishima en Kai.

Signée : **Zen Hokusai Iitsu fude.**

249. — Oban yokoye.
De la même série. Planche : *Koshu Misaka Suimen* : Le lac de Misaka en Kai.

Signée : **Zen Hokusai Iitsu fude.**

250. — Oban yokoye.
De la même série. Planche : *Gohakurakanji Sazaido* : La chapelle de Sazai au temple de Gohakurakan.

Signée : **Zen Hokusai Iitsu fude.**
Éditeur : **Eijudo**

251. — Oban yokoye.
Autre tirage de la même planche.

252. — Oban yokoye.
De la même série. Planche : *Tokaido Yoshida* : La station de Yoshida sur la route du Tokaido.

Signée . **Zen Hokusai Iitsu fude**
Éditeur : **Eijudo.**

253. — Oban yokoye.
De la même série. Planche : *Toto Asakusa Hongandji* : Le temple de Hongan dans le quartier d'Asakusa à Yedo.

Signée : **Zen Hokusai Iitsu fude.**

254. — Oban yokoye.
De la même série. Planche : *Sendju Kwaga Yori Chobo-no-Fuji* : Le Fujiyama vu de la ville de Sendju.

Signée : **Zen Hokusai Iitsu fude.**

255. — Oban yokoye.
Autre tirage de la même planche.

256. — Oban yokoye.
De la même série. Planche : *Koishikawa Yuki-no-Ashita* : La neige au matin dans le quartier de Koishikawa.

Signée : **Zen Hokusai Iitsu fude.**

257. — Oban yokoye.
De la même série. Planche : *Todo Ura* : Plage de Todo.

Signée : **Zen Hokusai Iitsu fude**

258. — Oban yokoye.
De la même série. Planche : *Bushu Sendju* : La ville de Sendju en Musashi.

Signée : **Hokusai Aratame Iitsu fude.**

259. — Chuban.
Cinq planches de la série : *Haku Monogatari* : Histoires de fantômes.
Planches : *Warai Hanya* : *Kohada Koheiji, Oiwasan, Shunen, Sarayashiki.*

Signées : **Zen Hokusai fude.**

Éditeur : **Tsuruki.**

(On y joint un autre tirage de la planche Oiwasan.)

260. — Oban yokoye. *Hyakunin Isshu Uwaga Etoki* : Interprétation par une nourrice des cent poésies.
Planche de *Bunya Tomoyasu.*

Signée : **Zen Hokusai Manji.**

Éditeur : **Eijudo.**

261. — Oban yokoye.
De la même série. Planche de *Ono no Komachi.*

Signée : **Zen Hokusai.**

Éditeur : **Eijudo.**

262. — Oban yokoye. *Kanadehon Chiushingura* : la grange des vassaux fidèles.
Planche : *Kudanme* (9e acte).

263. — Oban yokoye.
De la même série. Planche : *Sandanme* (5e acte).

264. — Oban yokoye.
De la même série. Planche : *Judanme* (10e acte).

Éditeur : **Tsuruya**.

265. — Oban yokoye.
De la même série. Planche : *Yodanme* (4e acte).

Éditeur : **Senichi**.

266. — Oban yokoye.
De la même série. Planche : *Hachidanme* (8e acte).

Éditeur : **Senichi**.

267. — Oban yokoye.
De la même série. Planche : *Rokudanme* (6e acte).

268. — Oban yokoye.
De la même série. Planche : *Godanme* (5e acte).

Éditeur : **Senichi**.

269. — Oban yokoye.
De la même série. Planche : *Juichidanme* (11e acte).

270. — Même planche de la même série, dans un autre tirage.

271. — Oban yokoye.
De la même série. Planche : *Rokudanme* (6e acte).

272. — Oban yokoye.
De la même série. Planche : *Shichidanme* (7e acte).

273. — Oban yokoye.
De la même série. Planche : *Nidanme* (2e acte).

274. — Album comprenant onze estampes oban yokoye, représentant les onze actes de la série *Kanadehon Chushingura* : la grange des vassaux fidèles.

Éditeur : **Tsuruya**.

275. — Kakemonoye.
Shika Shashinkyo : Interprétation de poésies par l'image.
Planche du poète *Hakurakuten*.

Signée : **Zen Hokusai Iitsu fude**.
Éditeur : **Yamamori**.

276. — Kakemonoye.
De la même série. Planche de *Abe-no-Nakamaro*.

Signée : **Zen Hokusai Iitsu fude**.
Éditeur : **Yamamori**.

277. — Kakemonoye.
De la même série. Planche de *Shonenko* (promenade de jeunesse).

Signée : **Zen Hokusai Iitsu fude.**
Éditeur : **Yamamori.**

278. — Kakemonoye.
De la même série. Planche de la poétesse *Seisho Nagon.*

Signée : **Zen Hokusai Iitsu fude.**
Éditeur : **Yamamori.**

279. — Kakemonoye.
De la même série. Planche *Uta Daijin* (prince des poètes).

Signée : **Zen Hokusai Iitsu fude.**
Éditeur : **Yamamori.**

280. — Kakemonoye.
De la même série. Planche *Tokusa kari* : la récolte des genets.

281. — Kakemonoye.
De la même série.

Signée : **Zen Hokusai Iitsu fude.**
Éditeur : **Yamamori..**

282. — Oban yokoye.
Koto Ryogokubashi Yasusumi Hanabi no Zu. Vue d'un feu d'artifice au pont de Ryogoku à Yédo.

Signée : **Shunro egaku.**
Éditeur : **Bankichi.**

283. — Trois surimono.
Jeunes femmes.

Signées : **Shinsai egaku.**

284. — Surimono.
Char de princesse accompagné de nombreux vassaux et serviteurs.

Signée : **Sori egaku.**

285. — Surimono.
Paysage au bord d'un lac.

Signée : **Sori egaku.**

286. — Surimono.
Rossignol penché sur une branche fleurie, vu au travers d'une fenêtre.

Signée : **Shinsai.**

287. — Album comprenant vingt et une estampes oban yokoye, représentant des scènes à personnages.
Œuvres de Hokusai. Quelques-unes sont signées : **Katsushika Hokusai egaku**.

288. — Oban tateye.
Courtisane.

Signée : **Katsushika Taito.**

289. — Pentaptique oban tateye, encadré sous verre.
Intérieur de maison verte.

Signée : **Katsushika Hokusai egaku.**
Éditeur : **Iseya Rihei.**

290. — Double oban tateye.
Chiho Sokuryo-no-Zu : Scène d'arpenteurs dans la campagne.

Signée : **Manji Rojin fude, à l'âge de 89 ans.**

291/293. — Six oban yokoye.
De la série : *Fugaku Sanju Rokkei* : Les 36 vues du Fujiyama.

Signées : **Zen Hokusai Iitsu fude.**

Shigemasa.

294. — Hosoye.
L'acteur Ichimura Uzaemon.

Signée : **Kitao Shigemasa egaku.**
Éditeur : **Sakaiya.**

295. — Deux kakemonoye.

Signées . **Kitao Shigemasa egaku.**
Éditeur : **Eijudo.**

Hokkei.

296. — Surimono.
Femme et enfant.

Signée : **Hokkei.**

297. — Surimono.
Poète assis.

Signée : **Hokkei.**

298/299. — Quatre surimono.
Scènes à personnages et oiseaux.

Signées : **Hokkei.**

300/302. — Trois surimono.
Chouette. Fujiyama. Kintoki.

Signées : **Hokkei egaku.**

303/304. — Neuf surimono.
Scènes à personnages, natures mortes et fleurs.

Signées : **Hokkei.**

305/306. — Sept surimono.
Natures mortes et branches fleuries.

Signées : **Hokkei.**

Hiroshige.

307. — Kakemonoye.
Cigogne perchée sur une branche de sapin, à côté de son nid.

Signée : **Hiroshige fude.**
Cachet : **Ichiryusai.**
Éditeur : **Marujin.**

308. — Triptyque oban tateye.
Mitate Zashiki Kyogen : A l'imitation du théâtre, un salon.

Signée : **Utagawa Hiroshige egaku.**
Éditeur : **Iwatoya.**

309. — Petit kakemonoye.
Chimère et son petit sur un rocher.

Signée : **Hiroshige fude.**

310. — Kakemonoye.
Faucon perché sur le tronc d'un pin, devant le disque du soleil.

Signée : **Hiroshige fude.**
Cachet : **Ichiryusai.**
Éditeur : **Marujin.**

311. — Kakemonoye.
Chimère et son petit dans les rochers.

Signée : **Hiroshige fude.**
Cachet : **Ryosho.**
Éditeur : **Yamajin.**

312. — Triptyque oban tateye.
Oko Uwanariuchi no Zu : Vue d'une bataille de femmes.

Signée : **Hiroshige fude.**
Éditeur : **Marusei.**

313. — Triptyque oban tateye.
Toto Meisho Eitaibashi : Pont de Etai, vue célèbre de Yédo.

Signée : **Ichiryusai Hiroshige egaku.**
Éditeur : **Ttsutaya Kichizo.**

314. — Chuban en noir.
Manzai.

Signée : **Hiroshige fude.**
Éditeur : **Kawacho.**

315. — Oban yokoye.
Tokaido Gojusantsugi : Les 53 stations du Tokaido.
Planche : *Tsuchiyama.*

Signée : **Hiroshige egaku.**
Éditeur : **Hoeido.**

316. — Oban yokoye.
De la même série. Planche : *Kusazu.*

Signée : **Hiroshige egaku.**
Éditeur : **Takemago.**

317. — Oban tateye. *Meisho Edo Hyakkei* : Cent vues de Yedo.
Planche : *Asakusa Tambo* : les champs d'Asakusa.

Signée : **Hiroshige egaku.**
Éditeur : **Uoei.**

318. — Oban tateye.
De la même série. Planche : *Asakusagawa Oumaya Gashi* : Le quai d'Oumaya sur la rivière d'Asakusa.

Signée : **Hiroshige fude.**
Éditeur : **Uoei.**

319. — Oban tateye.
De la même série. Planche : *Oji.*

Signée : **Hiroshige egaku.**

320. — Oban yokoye. *Edo Meisho* : Vues célèbres de Yedo.
Planche : *Takanawa* : Quartier de Takanawa.

Signée : **Hiroshige egaku.**

321. — Oban yokoye.
De la même série. Planche : *Goshaku Rakan* : le temple des cinq cents Rakan.

Signée : **Hiroshige egaku.**
Éditeur : **Fujikei.**

322. — Oban yokoye. *Toto Meisho* : Les vues célèbres de Yedo.
Planche : *Kameido Tenmangu* : Le temple de Tenmangu à Kameido.

Signée : **Hiroshige egaku.**
Cachet : **Ichiryusai.**
Éditeur : **Kikakudo.**

323. — Neuf oban yokoye.
De la série *Toto Meisho* : Vues de Yedo.

Signées : **Hiroshige egaku.**

324. — Oban yokoye.
De la série *Tokaido Gojusantsugi* : Les 53 stations du Tokaido.
Planche : *Shimada.*

Signée : **Hiroshige egaku.**
Cachet d'éditeur : **Hoeido.**

325. — Oban yokoye.
De la même série. Planche : *Tsuchiyama.*

Signée : **Hiroshige egaku.**
Éditeur : **Hoeido.**

326-327. — Neuf oban yokoye.
De la série *Tokaido Gojusantsugi* : Les 53 stations du Tokaido.

Signées : **Hiroshige egaku.**

328. — Kakemonoye. Cigogne perchée sur le tronc d'un pin devant le disque du soleil.

Signée : **Ichiryusai.**
Cachet : **Ichiryusai.**

329. — Oban yokoye. *Tokaido Gojusantsugi* : Les 53 stations du Tokaido.
Planche : *Ishiyakushi.*

Signée : **Hiroshige egaku.**
Éditeur : **Hoeido.**

330. — Oban yokoye.
De la même série.
Planche : *Fuchu.*

Signée : **Hiroshige egaku.**
Éditeur : **Hoeido.**

331. — Oban yokoye.
De la même série. Planche : *Okazaki*

Signée : **Hiroshige egaku.**
Éditeur : **Takemago.**

332. — Oban yokoye.
De la même série. Planche : *Maisaka*.

Signée : **Hiroshige egaku**.
Éditeur : **Hoeido**.

333. — Oban yokoye.
De la même série. Planche : *Hamamatsu*.

Signée : **Hiroshige egaku**.
Éditeur : **Hoeido**.

334. — Oban yokoye.
De la même série. Planche : *Mariko*.

Signée : **Hiroshige egaku**.
Éditeur : **Takemago kakuki**.

335. — Oban yokoye.
De la même série. Planche : *Arai*.

Signée : **Hiroshige egaku**.
Éditeur : **Takemago**.

336. — Oban yokoye.
De la même série. Planche : *Mishima*.

Signée : **Hiroshige egaku**.
Éditeur : **Hoeido**.

337. — Oban yokoye.
De la même série. Planche : *Chirifu*.

Signée : **Hiroshige egaku**.
Éditeur : **Hoeido**.

338. — Oban yokoye.
De la même série. Planche : *Hiratsuka*.

Signée : **Hiroshige egaku**.
Éditeur : **Hoeido**.

339. — Oban yokoye.
De la même série. Planche : *Kanaya*.

Signée : **Hiroshige egaku**.
Éditeur : **Takeuchi**.

340. — Oban yokoye.
De la même série. Planche : *Futagawa*.

Signée : **Hiroshige egaku**.
Éditeur : **Hoeido**.

341. — Oban yokoye.
De la même série. Planche : *Oiro.*

Signée : **Hiroshige egaku.**
Éditeur : **Takeuchi.**

342. — Oban yokoye.
De la même série. Planche : *Nissaka.*

Signée : **Hiroshige egaku.**
Éditeur : **Kakuki Takemago.**

343. — Oban yokoye.
De la même série. Planche : *Yoshida.*

Signée : **Hiroshige egaku.**
Éditeur : **Hoeido.**

344. — Oban yokoye.
De la même série. Planche : *Ejiri.*

Signée : **Hiroshige egaku.**
Éditeur : **Hoeido.**

345. — Oban yokoye.
De la même série. Planche : *Miya.*

Signée : **Hiroshige egaku.**

346. — Oban yokoye.
De la même série. Planche : *Yoshiwara.*

Éditeur : **Hoeido.**

347. — Oban yokoye.
De la même série. Planche : *Saka-no-Shita.*

Signée : **Hiroshige egaku.**
Éditeur : **Hoeido.**

348. — Oban yokoye.
De la même série. Planche : *Hakorie.*

Signée : **Hiroshige egaku.**
Éditeur : **Hoeido.**

349. — Oban yokoye.
De la même série. Planche : *Odawara.*

Signée : **Hiroshige egaku.**
Éditeur : **Hoeido.**

350. — Oban yokoye.
De la même série. Planche : *Hara.*

Signée : **Hiroshige egaku.**
Éditeur : **Takeuchi.**

351. — Oban yokoye.
De la même série. Planche : *Keishi.*

Signée : **Hiroshige egaku.**
Éditeur : **Hoeido.**

352. — Oban yokoye.
De la même série. Planche : *Nyonbashi.*

Signée : **Hiroshige egaku.**
Éditeur : **Take.**

353. — Oban yokoye.
De la même série. Planche : *Okitsu.*

Signée : **Hiroshige egaku.**
Éditeur : **Takeuchi.**

354. — Oban yokoye.
De la même série. Planche : *Kusazu.*

Signée : **Hiroshige egaku.**
Éditeur : **Takemago.**

355. — Oban yokoye.
De la même série. Planche : *Fujisawa.*

Signée : **Hiroshige egaku.**
Éditeur : **Hoeido.**

356. — Oban yokoye.
De la même série. Planche : *Okabe.*

Signée : **Hiroshige egaku.**
Éditeur : **Senkakudo.**

357 358. — Quatre tanzakaye. Scènes à personnages.
Signées : **Hiroshige.**

359 365. — Treize tanzakuye. Série des Fleurs et Oiseaux.
Signées : **Hiroshige fude.**
Cachet : **Ichiryusai.**

(*Seront divisées.*)

366. — Deux tanzakuye. Scènes à personnages, interprétant des stations.
Stations : *Yosida* et *Tampa.*

367. — Oban tateye. Paysage de neige.
Signée : **Hiroshige egaku.**

368/369. — Cinq oban yokoye.
Tirées de séries diverses : *Edo Meisho. Kiro Kaido*, etc.
Signées : **Hiroshige egaku.**

Kuniyoshi.

370. — Oban yokoye, encadré. La vie du bonze Nichiren.

Signée : **Ichiyusai Kuniyoshi egaku.**

371. — Pentaptyque oban tateye.
Shinyoshiwara Kadoebiya Sonikai no Zu : vue du premier étage de la maison Kadoebi au Yoshiwara.

Signée : **Ichiyusai Kuniyoshi egaku.**
Cachet au paulownia.
Inscription : **Vente interdite.**

372. — Kakemonoye.
Faucon perché sur la branche d'un pin, nourrissant sa couvée.

Signée : **Ichyusai Kuniyoshi egaku.**
Éditeur : **Marusei.**

373. — Oban yokoye, encadré.
Toto Meisho.
Planche : *Ryogoku no Suzumi.*

Signée : **Ichiyusai Kuniyoshi egaku.**
Éditeur **Kashima.**

374. — Oban tateye.
Hakuni Isshiu : Une poésie de chacun des cent poètes.
Planche de *Dainagon Tsunenobu.*

Signée : **Chooro Kuniyoshi egaku.**
Éditeur : **Ebiko.**

375. — Oban tateye.
De la même série. Planche de *Noin Hoshi.*

Signée : **Ichiyusai Kuniyoshi egaku.**
Éditeur : **Ebiko.**

376. — Oban tateye.
De la même série. Planche de *Jakuren Hoshi.*

Signée : **Ichiyusai Kuniyoshi egaku.**
Éditeur : **Ebiko.**

377. — Oban tateye.
De la même série. Planche de *Kakimoto-no-Hitomaro.*

Signée : **Ichiyusai Kuniyoshi egaku.**
Éditeur : **Ebiko.**

378. — Oban tateye.
De la même série. Planche de *Bunya no Yasuhide.*

Signée : **Ichiyusai Kuniyoshi egaku.**
Éditeur : **Ebiko.**

379. — Oban tateye.
De la même série. Planche de *Oe-no-Chisato*.

Signée : **Ichiyusai Kuniyoshi egaku.**
Cachet : **Kuniyoshi.**
Éditeur : **Ebiko.**

Divers.

380. — Kakemonoye, rehaussé de couleurs et d'or au pinceau.
Deux personnages joyeux, vêtus de costumes à décor de monnaies, l'un portant un sceptre et une boîte pleine de trésors, l'autre une fleur de lotus.

Inscription : **Image de bonne augure.**
Signée : **Minamoto Sadanobu.**

381. — Album comprenant neuf estampes oban yokoye.
Scènes légendaires tirées de l'histoire de Oeyama.
Œuvre de Moronobu.

Éditeur : **Urokogataya Sanzaemon.**

382. — Oban yokoye.
Papillon et tiges fleuries, sur fond noir.

383/384. — Quatre oban yokoye (pages d'album).
Korin Gwafu : Album de Korin. Fleurs et oiseaux.

385. — Oban yokoye.
Tortues.

386. — Hosoye.
Acteur dans un rôle de jeune femme.

Signée : **Ippitsusai Buncho egaku.**
Cachet : **Moriuji.**

387. — Deux pages d'album (romans) rehaussées de laque d'or.
Hanamoyo Nishiki no Hata.

Signée : **Koyoken egaku.**

Tadonbanashi.

Signée : **Mabuchi Shi fude.**

388. — Chuban. *Seiro Banzai Niwaka* : Danses au Yoshiwara.

Signée : **Shunzan egaku.**
Éditeur : **Eijudo.**

389. — Oban yokoye.
Jeune homme entouré de geisha, sur la terrasse d'une maison de thé.

Signée : **Kashosai Shunsen egaku.**

390. — Oban yokoye.
Jeunes femmes se reposant près d'une hutte au bord d'une rivière. Par un fil tendu au-dessus de l'eau leur arrivent des provisions.

Signée : **Kashosai Shunsen egaku**.
Éditeur : **Senichi.**

391. — Oban yokoye.
Jeunes femmes et enfant sur une passerelle, admirant des iris en fleurs.

Signée : **Kashosai Shunsen egaku.**
Éditeur : **Sanoki.**

392. — Double oban tateye.
Shinpan Ukiye Fuji no Okari no Zu : Nouvelle édition d'image perspective d'une chasse au pied du mont Fuji.

Signée : **Utagawa Toyoharu egaku.**
Éditeur : **Iwatoya Kisaburo.**

393. — Oban yokoye.
Ukiye Surugacho Gofukuya : Vue intérieure d'un magasin d'étoffes à Surugacho.

Signée : **Utagawa Toyoharu egaku.**
Éditeur : **Matsumura Yahei.**

394. — Oban yokoye.
Ukiye Kanda-Daimyojin Keidai : Perspective de l'enclos du temple de Daimyojin à Kanda.

Signée : **Utagawa Toyaharu egaku.**
Éditeur : **Yamaguchiya Tobei.**

395. — Oban yokoye.
Ukiye Shinagawa Gotenyama Shinniwa : Perspective du nouveau jardin de la colline de Goten, à Shinagawa.

Signée : **Utagawa Toyoharu egaku.**
Éditeur : **Yamaguchiya Tobei.**

396. — Kakemono formé de huit estampes remontées, chacune interprétant une poésie.

Japon. XVIIIe siècle.

397. — Nagaye.
Portrait d'Européenne tenant à la main un perroquet sur son perchoir.

Éditeur : **Yamatoya.**

XVIIIe siècle.

398. — Nagaye.
Orandajin no Zu : image de Hollandais.

Éditeur : **Oyoshi.**

399 — Nagaye.
De la même série.
Shinchojin no Zu : image de Chinois.

Éditeur : **Oyoshi.**

400. — Nagaye.
Jeune femme chinoise, debout, appuyée à une table, son éventail à la main.

XVIIIe siècle.

401. — Double oban tateye.
Tendai Shokei : Beaux sites du mont Tendai (en Chine).

XVIIIe siècle.

402. — Pentaptique oban tateye.
Cortège de geisha.

Signée : **Rekisentei Eiri egaku.**
Éditeur : **Iwatoya.**

403. — Nagaye.
Inscription manuscrite : *Kahitan* : Capitaine (Hollandais).

XVIIIe/XIXe siècle.

404. — Suite de trois surimono formant triptyque.
Musiciennes.

Signées : **Gakutei Teiko fude.**

405. — Cinq surimono.
Danseurs comiques.

Signées : **Gakutei.**

406. — Deux tanzakuye.
Fleurs et oiseaux.

Signées : **Shigenobu fude.**
Éditeur : **Wakasaya.**

407. — Deux oban tateye.
De la série : *Shijuhachi Taka* : Les 48 faucons.

Signées : **Sugakudo.**
Éditeur : **Koeido.**

408. — Oban yokoye.
Oiseau sur un arbre en fleurs.

Signée : **Keisai.**
Cachet : **Kitao Masayoshi.**

409. — Koban.
Enfant s'enfuyant à la vue d'un géant accroupi sur une table et mangeant.

Signée : **Tomio-Shi fude.**

410. — Nagaye.
Daikoku, debout sur des balles de riz.

Signée : **Rantokusai egaku.**

411. — Kakemonoye. Carpe remontant le courant.

Signée : **Tokugen fude.**
Éditeur : **Igetacho.**

412. — Koban. Paysan roulant un mortier à riz (usu).

Signée : **Taigaku.**

413. — Chuban. Musiciennes.

Signée : **Yoshinobu egaku.**

414. — Triptyque oban tateye. *Tenno Omatsuri* : Fête au temple de Tenno.

Signée : **Shotei Hokuju egaku.**
Éditeur : **Yamamori.**

415. — Triptyque oban tateye. *Kozuke Gumma Maebashi Tonegawa* : La rivière Tone dans la ville de Maebashi, région de Gumma en Kozuke.

Signée : **Ryosai egaku.**
Éditeur : **Taoka, habitant Maebashi.**

416. — Tanzakuye. Chat.

Signée : **Taigaku egaku.**
Cachet : **Unkaku.**

417. — Deux planches d'un triptyque oban tateye. Salle de bain dans une maison verte.

Signées : **Hikkesai Yoshiiku egaku.**
Éditeur : **Hiroko.**

418. — Triptyque oban tateye. L'élevage des vers à soie.

Signée : **Ichiyusai Yoshikazu egaku.**
Éditeur : **Tohiko.**

419. — Triptyque oban tateye. Les arts de la soie.

Signée : **Gyokuransai Sadahide egaku.**
Éditeur : **Fujikei.**

420. — Oban tateye encadré. Portrait de Toyokuni.

Signée : **Kunichika à 29 ans.**
Éditeur : **Tomi.**

PLANCHE III

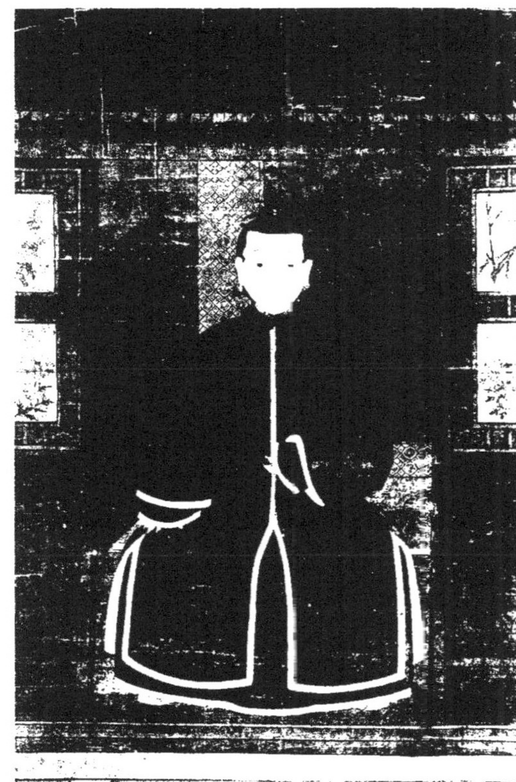

478

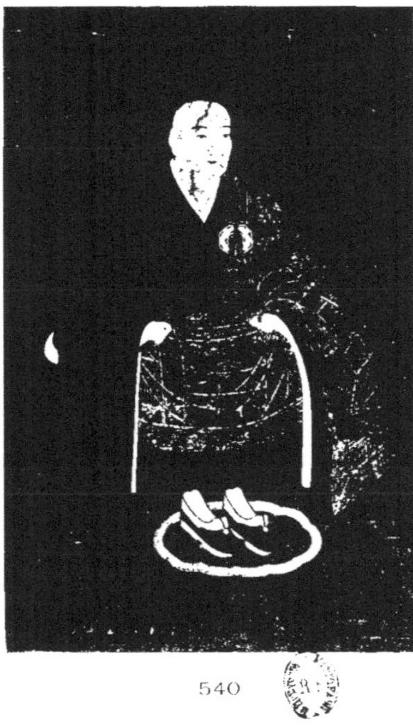

540

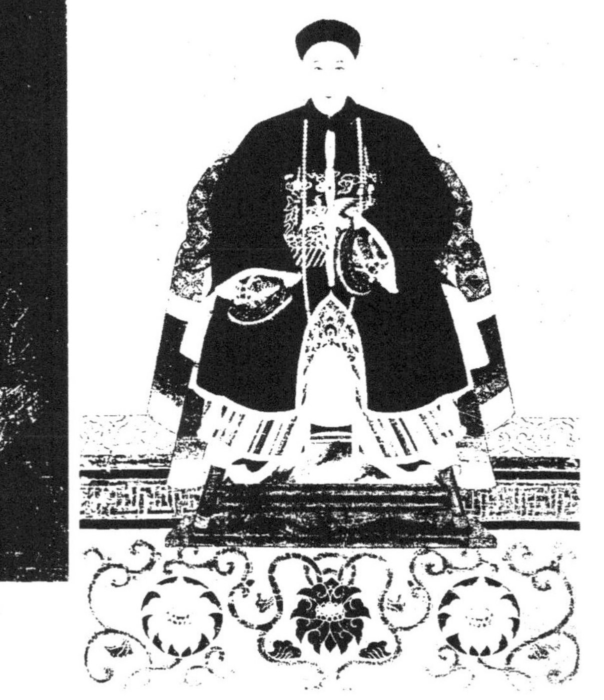

479

421. — Triptyque oban tateye encadré. Musiciennes sur une terrasse.

Signée : **Kuninaga egaku.**

Éditeur : **Iwatoya.**

422. — Nagaye encadré sous verre. Pêcheuse sortant de la mer.

Signée : **Meijodo Ishikawa Shuha egaku.**

Cachet : **Toyonobu.**

Éditeur : **Urokogataya.**

423. — Quatre oban tateye. Scènes guerrières.

Signées : **Isseisai Yoshitsuru** et **Ipposai Yoshifuji.**

424-425. — Dix oban tateye. Scènes guerrières et légendaires.

Signées : **Toyokuni. Yoshiiku**, etc.

426. — Trois kakemonoye : samuraï et jeunes femmes.

Signées : **Kochoro, Kunisada** et **Yoshikazu.**

427. — Quatre estampes ou pages d'album.
Sujets divers.

Signées ou attribuées à **Hokusai, Shuisai** et **Kuniyoshi.**

428-431. — Collection de trente-cinq oban tateye.
Sujets divers.

Signées : **Kuniteru, Yoshifuji. Kuniyoshi, Hiroshige**, etc.

432. Album contenant 120 oban tateye à sujets d'acteurs.
Signées : **Kunisada, Toyokuni, Kunichika**, etc.

LIVRES DU JAPON

433. — *Somewake Irokyodai* : Album des amoureux.

1 vol. ill. en noir. Tome II (Œuvre légère de Harunobu).

434. — *Koino Futozao* :

1 vol. ill. en couleurs. Sujets légers dans le style d'Utamaro.

435. — Trois petits albums à sujets légers, dans le style d'Utamaro.

436. — *Nippon Sankai Meibutsu Zue* : Album des produits célèbres de la mer et de la montagne au Japon.

5 vol. ill. en noir. Complet.

Signé : **Shosuiken Hasegawa Mitsunobu**.

Daté : 9e année de Kwansai (1797).

Éditeur : **Harimaya Kobei à Osaka**.

437. — *Hokusai Mangwa* : La Mangwa d'Hokusai.

15 vol. ill. Complet.

438. — *Ehon Teikin Orai* : Guide illustré de correspondance familière.

3 vol. ill. en noir. Complet. Illustrations de Hokusai.

439. — *Katsushika Ehon Shin Hinagata* : Album de nouveaux modèles pour les artisans.

1 vol. ill. en noir. Complet.

Signé : **Zen Hokusai Iitsu Aratame Gwakyo Rojin Manji fude**.

Daté : **7e année de Tempo (1836)**.

440. — *Wakan Ehon Sakigake*. Portraits de célébrités chinoises et japonaises.

1 vol. ill. en noir. Complet.

Signé : **Zen Hokusai Aratame Gwakyo Rojin Manji fude, à l'âge de 77 ans**.

Daté : **7e année de Tempo (1836)**.

441. — Autre tirage du même ouvrage.

442. — *Ehon Kyoka Yama Mata Yama* : Album de poésies humoristiques illustrées sur les montagnes (environs de Yedo).

3 vol. ill. en couleurs, réunis en un seul.

Illustrations **de Hokusai**.

443. — *Ehon Azuma Asobi* : Vues d'un voyage dans l'est.

3 vol. ill. en couleurs. Complet.

Illustrations de Hokusai.

Éditeur : **Tsutaya**.

444. — Autre édition du même ouvrage.

445. — *Ehon Sumidagawa Ryogan Ichiran* : Vues des deux rives de la rivière Sumida.

3 vol. ill. en couleurs.

Illustrations de Hokusai.

446. — Autre édition du même ouvrage.

Celle-ci est signée : **Hokusai Shinsei**.

Éditeur : **Maekawa Zenbei à Osaka**.

447. — Autre édition du même ouvrage.

448. — *Hokusai Gwafu* : Album de croquis d'Hokusai.

3 vol. ill. en couleurs. Complet.

Éditeur : **Tohekido.**

449. — *Ehon Musashi Abumi* : Album des étriers (guerriers) du Musashi.

1 vol. ill. en noir. Complet.

Signé : **Zen Hokusai Aratame Gwakyo Rojin Manji fude.**
Éditeur : **Susanbo et Hokurindo.**
Daté : **7e année de Tempo (1836).**

450. — *Fugaku Hyakkei* : Cent vues du mont Fuji.

3 vol. ill. en noir. Complet.

Illustrations de Hokusai.
Éditeur : **Tohekido à Nagoya.**

451. — Suikoden (Roman chinois).

1 vol. ill. en couleurs. Incomplet.

Illustrations de Hokusai.

452. — *Tokaido Gojusantsugi Ehon Ekiro no Suzu* : Album des 53 stations du Tokaido, par la route des courriers.

2 vol. ill. en couleurs. Complet.

Illustrations de Hokusai.

453. — Album d'estampes légères dans le style d'Hokusai.

454. — Album d'estampes.

Série : *Genji ko no Zu.*

Illustrations du Genjimonogatari.
Signée : **Toyokuni egaku.**
Éditeur : **Yamaku.**

455. — Album enfermant des tirages de la suite des poissons par Hiroshige. Accompagnés de poésies.

1 vol. ill. en couleurs.

456. — *Kyokuchu Nenju Gyoji* : Les fêtes annuelles au Yoshiwara.

2 vol. ill. en couleurs. Complet.

Texte : **Jippensha Ikkyu.**
Illustrations : **Murasakiya Utamaro fude.**
Éditeur : **Kazusaya Chusuke.**
Daté : **4e année de Kyowa (1804).**

457. — *Aikagami* : Le double miroir.

1 vol. ill. en couleurs.

(Sujets légers dans le style de Kunisada.)

458. — *Ukiyogenji Gojuyojo* : Les cinquante quatre images du Genjimonogatari (allusion à un roman célèbre.

1 vol. ill. en couleurs (tome I de la 2e série).

(Sujets légers dans le style de Kunisada.)

459. — Suikoden (Roman chinois).

1 vol. ill. en noir (sans le texte).

Illustration par **Gakutei.**

460. — *Tokaido Gojusantsugi Hachiyama Zue* : Album de paysages artificiels rappelant les 53 stations du Tokaido.

2 vol. ill. en couleurs. Complet.

Modèles par **Kimura Karafune.**

Signé : **Nanyusai Yoshishige.**

Daté : **1re année de Kaei** (1848).

Éditeur : **Oshikaya Kamesaburo à Osaka.**

461. — *Kyoka Suikogwadenshu* : Recueil illustré de poesies humoristiques sur le roman *Suikoden.*

2 vol. ill. en noir.

462. — *Ehon Fujiakama* : Image des fleurs (femmes célèbres).

2 vol. ill. en couleurs. Complet.

Signé : **Yanagawa Juzan egaku.**

Daté : 7e **année de Tempo** (1836).

463. — Autre tirage du même ouvrage.

464. — *Edo Meisho Hanagoyomi* : Calendrier des fleurs de Yedo.

4 vol. ill. en noir. Complet.

Signé : **Hasegawa Settan.**

Ces 4 volumes sont reliés, avec deux exemplaires doubles, en deux volumes à l'européenne.

465/467. — Douze volumes reliés à l'européenne en 9 tomes.

Ces ouvrages sont l'œuvre de Hokusai, Gyosai, Choko, etc.

PEINTURES DE LA CHINE

468. — Peinture sur soie.
Portrait d'impératrice en robe bleue. Chine.

Époque **Ming**.

469. — Peinture sur soie.
Kwannin debout, parée d'une auréole, la main droite levée.

Époque **Ming**.

470. — Peinture sur soie.
Portrait de lettré, vêtu d'une robe bleue, et assis dans un fauteuil.

Époque **Ming**.

471. — Peinture sur soie.
Divinité, le glaive à la main, entourée d'un nimbe de flammes, debout sur un rocher.

Époque **Ming**.

472. — Quatre peintures sur soie.
Amusements de jeunes femmes dans les jardins d'un palais.

Époque **Ming**.

473. — Peinture sur soie, encadrée sous verre.
Rakan marchant sur les flots de la mer.

Époque **Ming**.

474. — Peinture sur soie, encadrée sous verre.
Le Buddha assis sur le lotus sacré.

Époque **Ming**.

475. — Peinture sur soie, encadrée sous verre.
Amida et deux assistants, apparaissant assis sur des nuages.

Époque **Ming**.

476. — Peinture sur papier, encadrée sous verre.
Nature morte : vases, livres.

Époque **Ming**.

477. — Deux peintures sur soie, encadrées sous verre.
Buddha en méditation, assis sur le lotus.

Époque **Ming**.

478. — Peinture sur soie.
Portrait de femme en robe bleue, assise sur un siège bas.

Époque **Ming.**

(*Voir la reproduction, Pl. III.*)

479. — Peinture sur papier.
Mandarin en robe bleue, assis sur un fauteuil.

Époque **Ming.**

(*Voir la reproduction, Pl. III.*)

480. — Peinture sur soie.
Jeune fille battant du linge.

Époque **Ming.**

481. — Peinture sur soie.
Divinité bouddhique debout, tenant dans sa main droite une branche de bambou. Elle est nimbée d'une auréole.

Époque **Ming.**

482. — Peinture sur soie.
Divinité bouddhique, debout, la tête nimbée d'une auréole flammée.

Époque **Ming.**

483. — Autre divinité bouddhique, debout, tenant une coupe dans sa main gauche.

Époque **Ming.**

484. — Peinture sur soie.
Divinité bouddhique, debout sur un rocher.

Époque **Ming.**

485. — Peinture sur toile, encadrée sous verre.
Le Sennin au tigre, avec son animal favori, un écran à la main.

XVIIe siècle.

486. — Peinture sur soie, encadrée sous verre.
Portrait d'impératrice en buste.

XVIIe siècle.

(*Voir la reproduction, Pl. II.*)

487. — Peinture sur bois, encadrée sous verre.
Paysage.

XVIIe siècle.

488. — Peinture sur soie, encadrée sous verre.
Oiseaux de paradis dans les bambous.

Signé : **Chang Hi.**

(*Voir la reproduction, Pl. IV.*)

489. — Peinture sur soie, encadrée sous verre.
Le Sennin au tigre, accompagné de deux enfants qui portent une théière.

xviie siècle.

490. — Peinture sur papier, encadrée sous verre.
Jeunes femmes.

xviie siècle.

491. — Peinture sur soie, encadrée sous verre.
Impératrice de Corée, assise sur un fauteuil, une suivante à ses côtés.

xviie siècle.

492. — Peinture sur soie.
Scène légendaire. Empereur et sa suite, dans la campagne, admirant la gracieuse apparition d'une déesse qui marche sur les flots.

xviie siècle.

493. — Peinture sur soie.
Tête d'un des Nyo (gardien de temple), au milieu des nuages.

xviie siècle.

494. — Peinture sur soie.
Tête d'un autre Nyo, au milieu des nuages.

xviie siècle.

495. — Peinture sur toile.
Portrait de neuf Lohans.

xviie siècle.

496. — Peinture sur soie.
Dragon dans les nuages.

xviie siècle.

497. — Peinture sur papier.
Couple de cigognes sous un pin.

xviie siècle.

498. — Peinture sur soie.
Jeune femme assise dans un fauteuil.

xviie siècle.

499. — Peinture sur soie.
Tigre sous un pin.

xviie siècle.

500. — Peinture sur soie.
Dragon au-dessus des vagues.

xviie siècle.

501. — Peinture sur soie.
Buddah assis sur le lotus sacré, entouré de ses disciples.

xviie siècle.

502. — Peinture sur soie.
Le Dieu de la Longévité assis dans la campagne, son cerf auprès de lui. Il est entouré des Lohans.

xviie siècle.

503. — Peinture sur soie, encadrée sous verre.
Amida assis sur le lotus sacré. Tout autour de lui sont représentées des scènes légendaires de sa vie.

Commencement du xviiie siècle.

504. — Album de peintures sur papier.
Planches représentant des exercices militaires et des formations de combat.

xviiie siècle.

505. — Suite de onze peintures sur feuille. Personnages légendaires.

xviiie siècle.

506. — Peinture sur soie.
Jeune homme assis sur une terrasse, admirant une femme qui cueille des lotus.

xviiie siècle.

507. — Makimono. Peinture sur soie.
Les occupations de la vie des champs.

xviiie siècle.

508. — Makimono. Peinture sur papier.
Suite de cent jeunes femmes (les Cent Beautés) se promenant ou jouant dans des jardins.

xviiie siècle.

509. — Peinture sur soie.
Deux sages jouant au jeu de go, assis sous un arbre.

510. — Peinture sur toile.
Scènes légendaires.

Signé : **Wan Chien**.
Cachet : **Wan Chien**.
Date : **Kien Long**.

511. — Peinture sur papier.
Oie sous un cerisier en fleurs.

512. — Peinture sur soie.
Vol de papillons.

513. — Deux peintures sur papier.
Jeunes femmes dans un palais. Chine.

xviiie siècle.

513 *bis*. — Album enfermant des plans en couleurs, de temples chinois. Chine.

xviiie siècle.

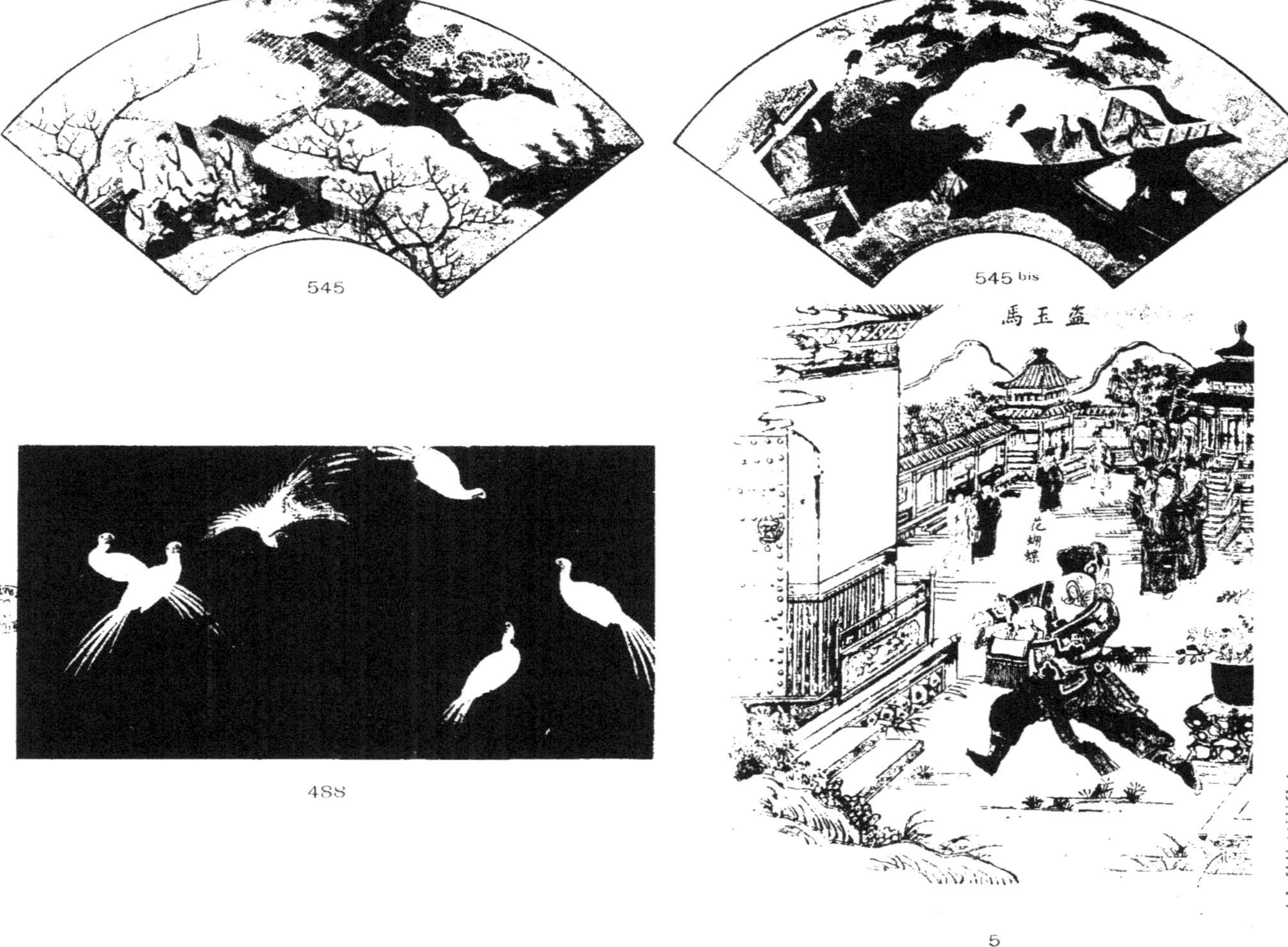

545

545 bis

488

5

514. — Peinture sur soie de plusieurs teintes.
Jeune femme tenant une coupe dans ses mains.

XVIIIe siècle.

515. — Peinture sur papier, encadrée sous verre.
Mandarin en manteau noir et bleu, assis dans un fauteuil.

XVIIIe siècle.

516. — Peinture sur soie, encadrée sous verre.
Divinité à vingt bras, assise en méditation sur le lotus sacré que supportent des éléphants.

517. — Peinture sur soie, encadrée sous verre.
Buddha assis sur le lotus.

Signé : **Chin Un Hao**.

518. — Peinture sur soie.
Buddha assis en méditation sur le lotus sacré.

XVIIIe siècle.

519. — Peinture sur soie.
Deux diseurs de bonne aventure portant dans les mains des champignons de longévité surmonté de plaquettes à sortilège.

XVIIIe siècle.

520. — Peinture sur toile.
Buddah assis sur le lotus sacré.

XVIIIe siècle.

521. — Peinture sur soie, encadrée sous verre.
Seiobo accompagné d'un oiseau Ho.

522. — Peinture sur toile.
Mandarin en robe bleue assis sur un fauteuil.

XVIIIe siècle.

523. — Peinture sur soie.
Impératrice accompagnée de dames de la cour.

XIXe siècle.

524. — Makimono, imprimé en blanc sur bleu.
Suite de scènes de la vie des agriculteurs. La culture du coton.

525. — Peinture sur papier.
Troupe de chevaux sous un saule.

XIXe siècle.

526. — Peinture sur papier
Guerrier armé de la lance.

XIXe siècle.

527. — Peinture sur papier.
Groupes de personnages légendaires.

528. — Peinture sur papier.
Deux personnages dans la campagne : empereur assis sur un buffle admirant un ascète et regrettant la simplicité de la vie des champs. Légende taotiste.

PEINTURES DU JAPON

529. — Peinture sur soie, encadrée sous verre.
Le bonze Tenriu Hozan Daizenshi assis dans un fauteuil.

xvie siècle.

530/531. — Deux peintures sur bois, encadrées.
Deux portraits, l'un d'un poète, l'autre d'une poètesse : l'empereur Tenchi et l'impératrice Jito.

xvie siècle.

532. — Kakemono. Peinture sur soie.
Quatre hauts personnages de la cour, assis sur des fauteuils bas.

xvie siècle.

533. — Peinture sur papier. Intérieur d'une maison verte.

Signé : **Masanobu.**

534. — Peinture sur papier. Guerrier la torche à la main.

Signée : **Godaime (5e génération), Kiyomitsu fude.**
Cachet : **Torii Kiyomitsu.**

535. — Kakemono. Peinture sur papier.
Courtisane vue de dos. Poésie.

Signé : **Hokkyo Koriusai egaku.**
Cachet : **Masakatsu.**

536. — Peinture sur papier.
Enfants admirant un combat de coqs.
École de Matahei.

xviie siècle.

537. — Kakemono. Peinture sur papier.
Démon abattant d'une flèche le Dragon qui menace Shaka.

xviie siècle.

538. — Peinture sur bois.
Apsara dans les nuages.

xviie siècle.

539. — Deux peintures sur toile, encadrées sous verre.
Portraits de bonzes.

xviie siècle.

540. — Peinture sur soie, encadrée sous verre.
Portrait de bonze, assis dans un fauteuil.

xviie siècle.

(*Voir la reproduction, Pl. III.*)

541. — Peinture sur toile, encadrée.
Rochers et arbres au bord d'un lac.

xviie siècle.

542. — Deux peintures sur papier à fond d'or, encadrées sous verre (éventails).
Empereurs de la Chine, entourés des femmes de leur cour.

xviie siècle.

543. — Peinture sur papier, à fond d'or, encadrée sous verre (éventail).
Troupe de samuraï chevauchant dans la campagne.

xviie siècle.

544. — Deux peintures sur papier à fond or, encadrées sous verre (éventails).
Décor d'écrans et d'éventails, ornés de fleurs.

xviie siècle.

545. — Trois peintures sur papier à fond or, encadrées sous verre (éventails).
Scènes à personnages dans les jardins d'un palais impérial.

xviie siècle.

(*Voir la reproduction, Pl. IV.*)

546. — Peinture sur papier.
Intérieur de maison verte.

xviie siècle.

547. — Autre paravent à six feuilles, de type et de décor analogue.

xviie siècle.

548. — Paravent à six feuilles.
Peinture sur fond or, offrant un décor de tiges fleuries.

Chaque feuille : Haut., 1^m70 ; larg., 0^m60.

xviiie siècle.

549. — Kakemono. Peinture sur soie.
Légende de *Seishonagon* : Dame de la cour relevant un store pour laisser admirer la neige.

xviiie siècle.

550. — Peinture sur papier à fond d'or, encadré.
Personnages chinois sous un saule.

xviiie siècle.

551. — Peinture sur papier, encadrée sous verre.
Oiseau perché sur un chrysanthème en fleurs.

xviiie siècle.

552. — Kakemono. Peinture sur soie.
Fugenbosatsu interprétée par une jeune courtisane.

Signé : **Kitagawa Utamaro fude.**

Cachet : **Kitagawa.**

Cachet : **Jisei Ikka.**

553. — Kakemono. Peinture sur soie.
Sennin accompagné d'un enfant.

xviiie siècle.

554. — Kakemono. Peinture sur soie.
Deux jeunes femmes dans un bateau.

xviiie siècle.

555. — Kakemono. Peinture sur papier.
Shinno, le premier des médecins, essayant le suc des plantes.

xviiie siècle.

556. — Peinture sur papier.
Jeune femme en costume de danse.

xviiie siècle.

557. — Makimono. Peinture sur papier.
Titre : *Taito Sense Sohitsugwa* : Esquisses du maître Taito (Hokusai).

Inscription : **Appartenant à la famille Iioka, monté en makemono la 4e année de Kaei.**

Cachet : **Katsushika.**

558. — Peinture sur papier.
Faucon perché sur une barre d'appui, lié par la patte.

Signé : **Hokusai Taito fude.**

Cachet : **Hokusai.**

559. — Paravent à six feuilles. Peinture sur papier.
Carpe et tortues dans les flots.

Signé : **Hokkei.**

560. — Kakemono. Peinture sur papier.
Les sept Dieux du Bonheur.

Signé : **Furuyama Morotane Zu.**

Cachet : **Morotane.**

561. — Six peintures sur papier. Scènes historiques ou légendaires.
École des Torii.

562/563. — Neuf peintures sur soie.
Sujets légers.

564/570. — Suite de trente et une aquarelles, représentant des papillotes et des fleurs.

571. — Makimono. Peinture sur papier.
Modèles de « hikebana » (vases en fleurs). Japon.

XIXe siècle.

572. — Makimono. Peinture sur papier.
Hérons dans un étang. Japon.

XIXe siècle.

573. — Kakemono. Peinture sur soie.
Suite de huit Rakan.

XIXe siècle.

574. — Kakemono. Peinture sur papier.
Oiseau et tiges fleuries.

XIXe siècle.

575. — Makimono. Peinture sur toile.
Démon chevauchant un buffle.

XIXe siècle.

576. — Aquarelle sur papier.
Volubilis près de gerbes de riz.

XVIIIe-XIXe siècles.

577/578. — Six dessins à l'encre de Chine sur papier.
Scènes légendaires ou familières.

XVIIIe-XIXe siècles.

579. — Peinture sur papier.
Monjubosatsu, interprétée par une courtisane.

580. — Kakemono. Peinture sur papier.
Faucon lié sur un perchoir.

Signé : **Kenyusai Kazunobu fude.**
Cachet : **Kenyusai.**

581/582. — Trois dessins à l'encre de Chine.
Personnage lisant à la lumière d'une lampe. Coq et poule. Serpent.

583. — Deux peintures sur papier.
Sujets légendaires.

Cachets : **Kiokuro** et **Hakuga.**

584. — Kakemono. Peinture sur soie.
Chienne et ses petits.

Signé : **Yosai Isshi.**
Cachet : **Takeyasu.**

585. — Kakemono. Peinture sur soie.
Oiseaux sur une branche fleurie.

Signé : **Teikwa.**
Cachet : **Heison.**

586. — Kakemono. Peinture sur soie.
Tiges fleuries sous le croissant de la lune.

Signé : **Kwanzan.**
Cachet : **Kwanzan.**
Cachet : **Azana Chu.**

587. — Kakemono. Peinture sur soie.
Oiseaux sur des tiges fleuries.

Signé : **Suikojoshi.**
Cachet : **Suiko.**

588. — Kakemono. Peinture sur papier.
Canards s'abattant dans un étang.

Signé : **Genshoho.**

589. — Kakemono. Peinture sur papier.
Oiseaux sur un cerisier en fleurs.

Signé : **Taiken.**

590. — Kakemono. Peinture sur soie.
Couple de cigognes et leur petit, près des rochers.

Signé : **Doshun fude.**
Cachet : **Doshun.**

591. — Kakemono. Peinture sur soie.
Couple de daim à Miyajima près de la lanterne du temple.

Signé : **Kwason.**
Cachet : **Kwason.**

592. — Kakemono. Peinture sur papier.
Moineaux et chrysanthème.

Signé : **Goshobai.**
Cachet : **Cho.**
Cachet : **Shitei.**

593. — Kakemono. Peinture sur soie.
Seigneur de la cour et jeune femme.

Signé : **Hokkyo Genchin.**
Cachet : **Genchin.**

594. — Kakemono. Peinture sur soie.
Deux Sennin et un enfant dans la campagne.

Signé : **Rippo.**
Cachet : **Rippo.**

595. — Kakemono. Peinture sur soie.
Oiseau sur une branche fleurie.

Signé : **Gyokuen Naganobu** fude d'après **Baen** (Ma Yen, peintre chinois).
Cachet : **Kano.**

596. — Kakemono. Peinture sur soie.
Kwanon à seize bras, assise sur le lotus sacré.

Signé : **Nakanishi Iyenobu** fude.

597. — *Sansui Kwaki Jimbutsu Gyochu* : Paysage, fleurs, personnages, poissons et insectes.
Recueil d'aquarelles sur papier par *Unpo*.

598. — Peinture sur soie encadrée.
Caricature : Deux Japonais luttant contre des étrangers.

Signé : Shojo Gyosai.

599. — Peinture sur papier (éventail).
Fourmi sur une cosse de haricot.

Signé : Zeshin.

600. — Kakemono. Peinture sur soie.
Scène à personnages comiques : le coup de vent.

Signé : Zeshin.
Cachet : Shin.

601. — Kakemono. Peinture sur papier.
Empereur de Chine, assis à l'avant d'une barque.

Cachet : Shushi.

602. — Kakemono. Peinture sur papier.
Réunion des peintres.

Signé : Gyosai Zu.
Cachet : Gyosai.

603. — Kakemono. Peinture sur papier.
Courtisane accompagnée de ses deux kamuro et suivie d'un serviteur qui l'abrite sous un parasol.

Cachet : **Noronobu.**

604. — Kakemono. Peinture sur papier.
Singe savant.

Signé : **Sosen.**

605. — Kakemono. Peinture sur soie.
Jeune femme en costume de fête.

Signé : **Nippone Miakawa Choshun Zu.**
Cachet : **Choshun.**

606. — Kakemono. Peinture sur soie.
Groupe d'enfants.

Signé : **Nishikawa Saketada**, fils aîné de **Bunkwado Sukenobu**, d'après une **peinture de Iwasa Katsushige.**
Cachet : **Suketada.**

607-618. — Douze peintures sur papier, formant une double série pour deux paravents.
Groupes de jeunes femmes et de daimyo dans des scènes interprétant les douze mois de l'année.
Attribuées à Sukenobu.

PEINTURES DU THIBET, DE LA CORÉE ET DE LA PERSE

619-620. — Deux peintures sur toile.
Bouddha assis en méditation et Lohan entouré d'assistants. Thibet.

XVIIe siècle

621. — Peinture sur soie, encadrée.
Divinité à six bras chevauchant une chimère entourée d'apparitions bouddhiques. Thibet.

XVIIe siècle.

622. — Peinture sur soie, encadrée.
Kouan In aux douze bras, écrasant des suppliciés. Thibet.

XVIIe siècle.

623. — Peinture sur soie, encadrée.
Lama assis sur un large siège encadré des apparitions évoquées de divinités bouddhiques.

Thibet. xviie siècle.

624. — Peinture sur soie, encadrée.
Divinité impériale entourée de démons torturant des damnés. Thibet.

xviie siècle.

625. — Peinture sur toile.
Guerrier assis, accompagné de deux serviteurs. Corée.

xviie siècle.

626/627. — Deux dessins au pinceau chargé d'encre de Chine, rehaussés de rouge, encadrés sous verre.
Légendes bouddhiques, à influence brahmanique. Inde.

xviie siècle.

628/631. — Onze pages décorées de fleurs, d'insectes et de personnages. Perse.

xviiie-xixe siècle.

DIVERS

632/633. — Deux peintures au pinceau chargé d'encre rose, représentant dans le goût européen, des scènes familières animées de personnages en costume d'Europe.
Peintures vraisemblablement faites au xviiie siècle par un missionnaire.

634/637. — Makimono formé d'une longue suite de décors en soie tissée offrant des cigognes au vol, des nuages stylisés.
Inscriptions mandchoues et chinoises.

Dates : **14e année de Kanghi et 26e année de Kienlong.**

Ces makimono étaient des ordres impériaux transmis aux hauts fonctionnaires.

640. — Pochoir encadré sous verre.
Femme à sa toilette.

641/643. — Sept pochoirs sous verre
Fleurs et animaux.

643/647. — Neuf pochoirs encadrés sous verre.
Plantes et animaux.

648. — Kosseu sous verre, encadré, représentant un paysage de collines plantées de pins, au bord de la mer. Chine.

xviie siècle.

649. — Autre kosseu, sous verre, encadré. Décor analogue faisant pendant avec le précédent. Chine.

xviie siècle.

650. — Collection complète (36 numéros brochés) du *Japon Artistique*.

651. — Une colllection de gravures européennes relatives aux monuments de l'ancienne Égypte.

652. — Reproduction de peinture, encadrée sous verre.
Jiso debout dans les nuées, tenant dans sa main gauche la perle sacrée.

653. — Album de vues photographiques des navires construits par les Forges et Chantiers de la Méditerranée (1867).

654. — Album formé d'une longue suite de photographies représentant des peintures japonaises.

655/660. — Lots omis.

www.ingramcontent.com/pod-product-compliance
Ingram Content Group UK Ltd.
Pitfield, Milton Keynes, MK11 3LW, UK
UKHW021314190726
13839UKWH00007B/1347

9 782329 366425